Tendresse du jour et autres Paroles

Incipit (un premier mot):

Dans la rencontre amoureuse face à l'autre, On se projette inconsciemment dans une image, métaphore qui se révèle comme un hymne à la beauté dans la délicatesse qu'elle présente associée à une douce effraction de la sensibilité.
C'est elle dont l'adoption nous est confirmée par l'émotion qu'elle suscite ou par le sentiment dont la douceur nous pénètre insidieusement et sur laquelle nous pouvons apposer le beau nom de tendresse.

Chant Premier :

Célébrations

I

Femme Marine

Aujourd'hui sous les rafales du vent
qui assiègent ta nudité
grèves et falaises sont léchées par les
vagues

J'entrevois dans la stupeur
le grondement des rochers
dans la lumière

Aujourd'hui mon cœur ruisselle
à chaque souffle du Soleil

II

Portrait d'une vaste
d'une ouverte comme cirque de corail
d'une passage et voie

D'une…
estuaire avide

D'une …
de ses eaux étalées en rade
où d'errance en errance inlassable
viennent m'assaillir
les pulsations de ses laves

D'elle encore
d'elle grenade où s'éclate
et s'épuise en lacis

mon ardeur aux charpentes de bronze.

III

Portrait d'elle
Femme de douceur et de passion
de caresses et de rires

Portrait d'elle
Femme de tempête et femme de braise
claire et sonore

dans la barque du Soleil.

IV

Portrait d'une
d'une fièvre

Portrait d'elle
d'elle assoiffée de tendresse
et brûlante de fureur

D'elle
de ses yeux d'eau froide et de brume
d'elle langue de cristal
d'amour consumée

L'enfant

Portrait d'elle
d'elle pays de pierres et de vignes

d'elle vibrante

d'elle lumière ruisselante
qui roule sur les champs d'olivier
qui brûle sur les champs de lavande

d'elle qui tend les bras
à son enfant qui sourit

d'elle terre d'été.

II

Portrait rêvé d'un enfant

et puis d'un autre

qui s'aspergent

et nous barbouillent

tâchant nos joues

tâchant nos mains

Portrait de nos enfants

Terre d'Avenir

là dans l'éternel sourire du Bouddha ...

III

Regarde l'enfant de chaque femme,
ses petites mains comme deux vivants
baisers courent dans l'air.

Sa bouche s'ouvre comme la Terre à
l'aurore

et dans la cascade de ses cris

toutes les bêtes du désert ivres et folles
s'agenouillent

le lion à plumes et le tigre à trompe,

l'hyène volante et la girafe des eaux –

IV

Portrait de ton enfant

de ses yeux

qui donnent leur miel au jour

de sa bouche

qui chante les couleurs de l'arc en ciel

Regarde ses yeux écoute son cri

   son cri de déchirure

   son cri de renaissance,

Regarde ses yeux écoute son cri

qui roule parmi les vagues et les nuages ;

C'est l'enfant du dragon et de la fée

du loup et de la rose

du volcan et de la mer

du tonnerre et du nuage ...

Regarde ses yeux

ses yeux où souffle un vent de joie,

Ecoute son cri

le cri de ton enfant dans la chaleur de la vie...

V

Portrait d'un homme

qui,

dans son immense besoin

de fuir les terres arides

à la recherche d'une contrée extrême,

fatigué du monde d'en bas

veut redevenir un enfant

qui tutoie les étoiles.

Portrait de lui

lorsque quelque part dans l'eau du ruisseau

jusqu'au creux de sa main

vibre un grand cri d'amour

  dans la lumière harassante

  d'un soleil qui se noie

Printemps pour Galaxie

I

Portrait d'elle -

pour se blottir comme une feuille morte dans le miroir

de ses yeux

quand la tendresse rayonne en sa gorge

avec son sourire à l'affût d'un grand Soleil

II

Femme oiseau qui danse

de spirale en spirale

de rafale en rafale

main tendue, main dressée

main disparue

ici là ailleurs.

Avec le jour et le ciel et la mer

qui s'épanouissent en son ventre

dans une cascade de lumière

Et dans mes yeux ouverts à ses yeux

toute la Vie s'étale

comme une immense flamme.

Chant Deuxième

Exil

I

Quelque part dans le désert

Quelque part dans le ciel

Quelque part entre Orion et Ganymède

Quelque part un homme seul

arrache au sable rouge

ses pépites d'or

II

Quelque part dans le ciel

Quelque part dans le souvenir attentif

à la douce et délicate forge

des poumons neufs d'un enfant de Vie

Quelque part dans l'eau du ruisseau

jusqu'au creux de ma main

vibre un grand cri d'amour.

Fantasmagorie

I

Femme acier qui va
de rives en rives sidérales
l'oiseau de fer a pris tes mains dans ses
mailles
et le feu de l'arc en ciel

Alors tu montes à tire d'ailes vers
les astres dans ta carlingue en sexe d'or

Délaissant ta chair dans les plis du Soleil
en bas, et des rivières d'aquarelle
et des champs où sur le gazon noir et vert
jeune fille marine tu reposes

Seule une vache en bois regarde ta robe de
tungstène
un éléphant borgne et sourd te croise
qui s'endort dans le miroir des phosphènes

II

Course, course

de savane en savane

de tambour en tambour

flèche et lance traverse

l'épaisseur

la chaleur

la moiteur décomposées

avec la mort balancée par-dessus bord

pour vivre, vivre d'un sang renouvelé.

Voyage

(…sur la finale du concerto 27 de Mozart)

Comme un murmure dans la forêt
chaque feuille frémit de ta voix…

Au fond de tes yeux la nudité de ton cœur
et la profondeur du ciel
s'épousent en silence

Ton âme comme un oiseau a replié ses ailes

Et mon cœur a flambé
dans ton regard

L'amour est une parole dans le soleil
qui s'écoute au bord du chemin.

Chant Troisième

Préface

On raconte que Franz Kafka se promenait dans un parc quand il rencontra une petite fille qui pleurait parce qu'elle avait perdu sa poupée préférée.

Elle et Kafka cherchèrent la poupée sans succès.
Kafka lui dit alors de le rencontrer le lendemain et qu'ils recommenceraient à la chercher.

Le lendemain, comme ils n'avaient pas encore trouvé la poupée, Kafka donna à la petite fille une lettre "écrite" de la poupée qui disait : " S'il te plaît ne pleure pas. J'ai fait un voyage pour aller voir le monde.
Je vais t'écrire sur mes aventures."

C'est ainsi que commença une histoire qui se poursuivit longtemps.

Régulièrement lors de leurs rencontres au parc, Kafka lisait les lettres de la poupée soigneusement écrites avec des aventures et des conversations que la petite fille trouvait adorables.

Enfin, un jour, Kafka lui ramena une poupée qu'il avait achetée.

"Mais elle ne ressemble pas du tout à ma poupée", déclara la petite fille .
Kafka lui a remis alors une lettre dans laquelle la poupée écrivait : "mes voyages m'ont changée."
La petite fille embrassa la nouvelle poupée et la ramena toute heureuse chez elle à la maison.

Plusieurs années plus tard, la petite fille désormais adulte a trouvé une lettre cachée dans les habits de la poupée.

Dans la minuscule lettre rédigée par Kafka, il y avait écrit :

" Tout ce que tu aimes sera probablement perdu, mais à la fin l'amour reviendra d'une autre façon."

Bribes (Tendresse)

I

Sourire d'une fillette en détresse,
qui marche dans le vent

Un soir d'hiver, toute la tendresse humaine
s'échange dans un sourire

L'inconnue me foudroie
sous un ciel étoilé,

et m'arrache à mes songes
à peine effleurés

Dans la nuit derrière les arbres
un animal aux aguets,
me fixe un instant

Par-delà l'amour
encore l'amour
couronné de lumière

Consentement à progresser
dans le silence

II

Nombreux sont les baisers
si courte est la vie

 Le temps me manque
d'éclater dans la joie

Et si,

cœur d'amour,
vertu d'enfance,

le Soleil me parle

j'écoute le chant des vagues
dans les vertiges du feu

ou dans la révolte volcanique
de l'imparable Beauté

du Lotus ardent.

Nombreux sont les baisers
si courte est la vie

Donne ton sourire
au vent

un oiseau l'emportera.

III

Il dit :

Tendresse écoute moi

j'aime ton âme d'oiseau

Tendresse ton âme est libre

ton âme d'enfant qui couche

sous le sable chaud de mes yeux

Tendresse écoute mon âme d'enfant

nue dans les flammes

nue dans les ronces

ma pauvre âme d'enfant violée par la peur,

avec ma peine effondrée au creux de mes mains

Tu dois me serrer plus fort pour calmer ma rage.

Chant Quatrième

Tribulations (Poèmes de Scott ....des années 2000)

I
Il n'y a pas de parfum

pour arrêter la course du temps

Les frissons enserrent les rochers de la peur
mais des perles d'azur
dorment sous mes paupières

Je suis un roseau fugace
qui a de la peine
à renoncer au vol des oiseaux

II

Au royaume des astres les pensées s'évaporent
Hors des âmes errantes

III

Sous les flocons des nuages,
angélique magie blanche

à contre-courant
les petits yeux
de l'arbre à paupières,

se dressent
avec les fantômes du soir,

IV

Vol d'aras au dessus des dauphins roses, et
vertige Andin

Au milieu des cochons d'Inde :
les caïmans discrets
sortilèges de la Sierra

Là haut le volcan
Encapuchonné de glaces

En bas les colonnes de fourmis
Légionnaires

Attaquent !

V

Reviennent
nos pensées tristes
sous les feuilles rouges de l'automne

Et sous les feuilles d'or
les fruits glacés de nos amours

Seules demeurent les caresses
sous le souffle du vent

Avec les chrysanthèmes fanés
qui nous donnent envie de mourir.

VI

De lune
en bruyères,
flamboyante
voilée

la nuit du silence
me transperce

Au cœur des songes
j'écoute
les voix d'hier.

VII

Les crocus blancs ou mauves parsèment
les hauts plateaux
Une meute de libellules amies
Fond sur la broussaille
Délire un soleil vert
Boit la glace   Déluge ?

VIII

Invasion, invasion,
au fil du temps…

Dans le cœur de chacun
l'horizon était bleu
et le Soleil était vert
car c'était
le pays de mes aïeux.

IX

Portrait de toi

de toi la blanche

mouette

fille du vent et de la lune

de toi libre ouverte consentante

abandonnée

inondée engloutie

dans le pur feu pur éclair

lorsqu'éclatent

les salves puissantes de Brahma

Chant Cinquième

Broèmes   (à la manière des *Haïkus*)

I   Printemps

Robe bariolée

Le papillon vole
Vers son désir

Vagues de Printemps
Presqu'un Cygne
Dans le Bleu du Ciel

Nuages en fleur
A l'horizon
Que la mer détrempe

Eaux vives
Se blottir
Au soleil couchant

Fleur de cerisier
Nuit sans lune
Une jolie femme

II Eté

Rire d'enfant
Les yeux du chat

A travers les coquelicots

Torride été
Qui aboie
Comme un loup blanc

Pluie de roses
Sur la queue
Du lézard jaune

Toute la sueur
Dans le creux
D'un nid de fourmi

Lambeaux de nuages
Déversant leurs gouttes
Sur une rangée de coquelicots

Chuchotements
Le crapaud s'endort
Une prune tombe

III Automne

L'été s'en va

Tout à coup la pluie…
Et le crapaud surpris
S'éveille
Averse d'automne
Sous un pâle soleil qui perce
Les nuages

Bourrasques d'automne
Et cordes de pluie
Au bord du chemin

Pupilles délavées
Eclairs du ciel
Sur la grappe de raisin

IV Hiver

Dans un bric-à-brac
Non loin des brasiers
Les rafales de givre
Sur les routes du ciel

Hiver à la hache
Sur la pierre
Qui scintille

En barque
Au clair de lune
Vapeurs du soir

Froid au nez
Lèvres gercées
Là- haut la Voie Lactée

Un papillon blanc
Sur la neige
Dans mon sommeil

V

Nuages

Nuages :

Regarde
Là bas
Comme des menhirs grignotés d'azur

Nuages :

Regarde

Etendus
Bons pour litière à des frissons de mer

Nuages :

Regarde

Abris

Pour des oisillons dissimulés dans le feuillage

Nuages

Comme des granits venant à s'effriter devant les drapés géants d'un soleil couchant

Nuages :

Regarde

D'un nuage sort un cargo d'azur

Nuages
Nuages pour rêver d'ailleurs.

16/09/22 & 23/09/22

Chant Sixième

Carabistouille

(à la manière de Henri Michaux)

C'est l'histoire de deux gouttes d'eau
Comme celles qui tombent sur le toit de la maison et font, floc, floc, floc

L'histoire de deux gouttes d'eau
Au pays de la magie
Ce pays où tous les petits garçons s'appellent bleu-papillon
Et toutes les petites filles s'appellent rose-libellule

Dans ce pays de la magie donc, vit un vieux magicien
Qui s'appelle Tri-boul-di-no !
C'est un bossu avec trois bosses, qui se promène sur la plage pour chasser les vilaines Méduses
Il y va la nuit quand il y a du vent et que les gouttes d'eau s'envolent de la mer

Elles vont très vite les gouttes d'eau poussées
par le vent
Car elles ont peur du noir !

Elles ont des ailes
Mais quand elles tombent sur le magicien elles
se retiennent de le mouiller car il n'aime pas ça.
Bon, il y a deux sortes de gouttes d'eau :
les frigouilles et les bira-couvettes

Mais chez les frigouilles il y a deux petites
fripouilles qui se prénomment Biscrouille et
Crapouille et qui aiment bien s'amuser…

Aussi sur la plage elles jouent, jouent,
jacassent et font des vagues
Et c'est ainsi toute la nuit jusqu'au lendemain
matin

C'est alors que viennent les grands
Ecornicheurs qui ont de grosses dents toutes
rouges et pointues
Et qui ne sachant pas quoi faire pour tuer le
temps attrapent Biscrouille et Crapouille les

deux gouttes d'eau avec de grands linges pour les mettre en cage ...

Mais bien entendu elles s'évadent
Et dégoulinent sur les Ecornicheurs
Ensuite elles vont chercher des copines, se rassemblent, et forment de petits ruisselets puis des petits ruisseaux

Flic et floc et flic et fluc
La tendresse les rassemble
Elles retournent à la mer et rejoignent les poissons.
Foi de croubistouille !

Chant Septième

Renaissance

I

Elle dit : J'ai épousé ma liberté
qui est la plus indomptable

J'ai épousé la vie
la vie fait grandir mon enfant

Mais je suis née avec la mort
la mort stupide et laide

Aussi je la trompe avec l'amour.

II

Elle dit :

J'ai rêvé d'un amour

Un amour de poupée
Sur un lit de coquelicots

Un amour de tournesol
A l'horizon des champs

Un amour d'azalée
Dans une escalade de lumière

Un amour de rossignol
Sous un bise florale

Elle dit :

J'ai rêvé d'un amour

Un amour de bananier
Au crépuscule d'automne

Un amour de glycine
Sous une pluie de printemps

Un amour de rosée
Qui taquine les sauterelles

16/11/2021

III

Elles sont
De sable et de vent

cucubalus baccifer
à la dérobée

De sable et de vent
melendrium couvert de rosée

De sable et de vent

viscaria oculata
tendresse des giroflées

31/10/22

IV

Il dit :

Lorsqu'au bord du fleuve on entend
mille gazouillis d'oiseaux sous la lumière
blanche
lorsque passe le temps et passe le vent
dans le clapotement répété des flots

C'est l'odeur des poissons au bord de
l'eau
C'est le parfum puissant d'une femme
C'est la respiration d'un enfant qui dort
C'est le cri des canards sauvages

Qui font éclater mon cœur comme un fruit
mûr

Je coule dans les racines noueuses de l'Arbre

Je suis le bleu du ciel avant d'être la vague

12-13-4- 80 / 27-9-22

V

Il dit :

L'avez-vous rencontré ?

Il est dans la source

Il est dans les fougères, il est dans le baiser aux étoiles

Il n'a pas de maison et toujours repart ailleurs...

Apprenez la vie très folle du vagabond du silence.

06/03/2023

Appoggiature

O- bleu A- femme

U cri

C'est Elle …
qui

chaque nuit gambade parmi les lucioles
les tourterelles et coquelicots

Attentive à l'éphémère louange des séraphins
qu'elle rencontre dans les méandres de la canopée

O- bleu A- femme

U cri

Dans les brûlures d'une syllabe

Au-delà du murmure des roses –

O- bleu A- femme

A- vif impérissable.

Dans la bienheureuse conflagration du silence
Pour fracasser le granit de mon visage

Dans le sillon d'une longue errance.

21/05/22

Invitation

Vois !
Au dessus des cyprès
comme un caillou
détaché du ciel

Lorsque blanc comme neige
avec son bond dans l'espace

La tourterelle emporte ma tendresse
à l'horizon des éclairs

3/10/22

Édition : BoD – Books on Demand,
info@bod.fr
Impression : BoD – Books on Demand, In
de Tarpen 42, Norderstedt (Allemagne)
Impression à la demande
ISBN : 978-2-3221-8752-2
Dépôt légal : Mars 2023

Les dits de Maître Zen :

La Joie

A la source de l'art de vivre

Faire de petites choses avec une joie immense

Le pouvoir de la joie c'est de lever les obstacles

La joie surgit du chaos

Tout le Ciel se reflète dans la gaieté d'un sourire

Vis aujourd'hui comme si c'était le dernier jour

et le premier baiser

Vole haut et fort

L'oiseau ne rêve pas de marcher

Elargis ta joie par celle des autres

P.S.
Amour :
On peut tomber amoureux tous les jours,
ça veut pas dire vivre ensemble, ça veut
dire être hypersensible, ça veut dire
s'ouvrir à quelqu'un ou quelque chose qui
nous comble d'aise.
La question est qu'est-ce qu'on en fait :
parfois un poème, une chanson, un tableau.
Parfois un échange plus ou moins long
avec un être humain. En tout cas dans le
sourire.

4ème de Couverture :

On peut vivre sans richesse
Presque sans le sou
Des seigneurs et des princesses
Y'en a plus beaucoup
Mais vivre sans tendresse
On ne le pourrait pas
Non, non, non, non.

On peut vivre sans la gloire
Qui ne prouve rien
Etre inconnu dans l'histoire
Et s'en trouver bien
Mais vivre sans tendresse
Il n'en est pas question

Non, non, non, non,non
Il n'en est pas question…

Dans le feu de la jeunesse
Naissent les plaisirs
Et l'amour fait des prouesses
Pour nous éblouir
Oui mais sans la tendresse
L'amour ne serait rien
Non, non, non, non
L'amour ne serait rien

Quand la vie impitoyable
Vous tombe dessus
On n'est plus qu'un pauvre diable
Broyé et déçu
Alors sans la tendresse
D'un cœur qui nous soutient
Non, non, non, non
On n'irait pas plus loin….

Chanté par Bourvil
Texte de Noël Roux